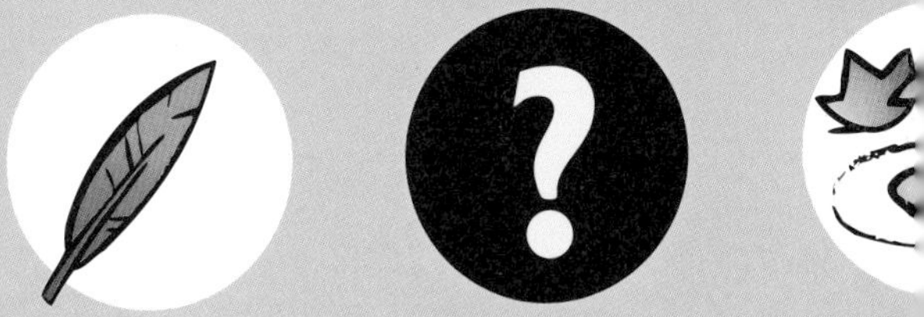

Primera edición
junio del 2000

Diseño gráfico
Cass

Fotografías
AGE, J.M. Barres

Textos
Xavier Blanch

Ilustraciones
Monse Fransoy

Producción
Francesc Villaubí

Coordinación editorial
Laura Espot

Dirección editorial
Xavier Blanch

© La Galera, SA Editorial, 2000,
por la edición en lengua castellana

ISBN: 84-246-0691-4

La Galera, SA Editorial
Diputació, 250 - 08007 Barcelona
www.enciclopedia-catalana.com
lagalera@grec.com

Impreso en la UE

Depósito legal: B. 21.491-2000

Impreso en Tallers Gràfics Soler, SA
Enric Morera, 15
08950 Esplugues de Llobregat

Prohibida la reproducción y la transmisión total o parcial de este libro bajo ninguna forma ni por ningún medio, electrónico ni mecánico (fotocopia, grabación o cualquier clase de almacenamiento de información o sistema de reproducción) sin el permiso escrito de los titulares del copyright y de la empresa editora.

Adivinanzas
ANIMALES

EL MUY ASTUTO DEL LOBO
QUERÍA COMERNOS A SIETE,
PERO LA MÁS PEQUEÑA Y LA MADRE
NOS SALVARON EN UN PERIQUETE.

¿Quién soy?

PISTA 1
Tengo cuernos
y embisto como un toro.

PISTA 2
Abracadabra, pata de…

PISTA 3
Soy la…

C__ BR__

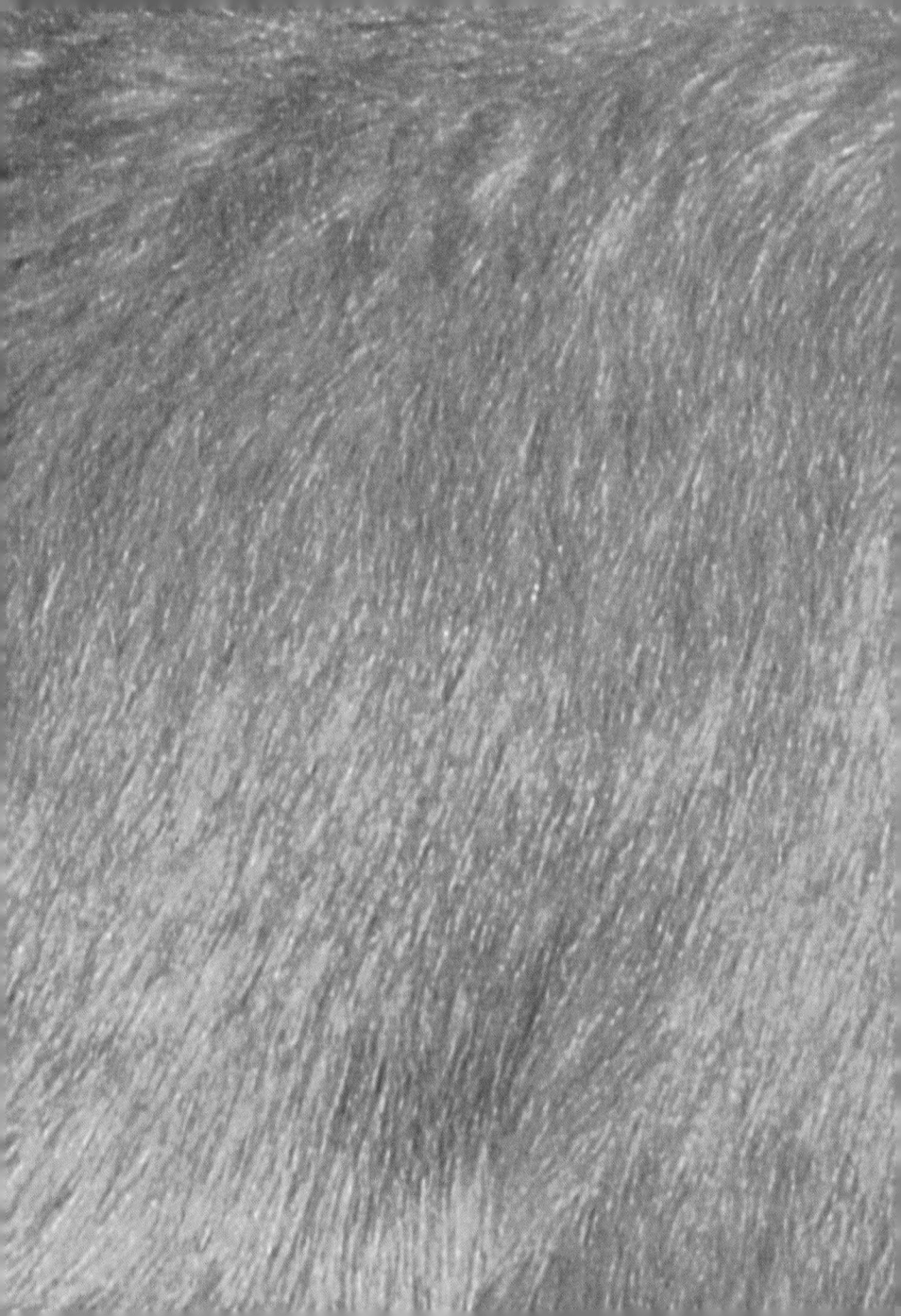

...La cabra

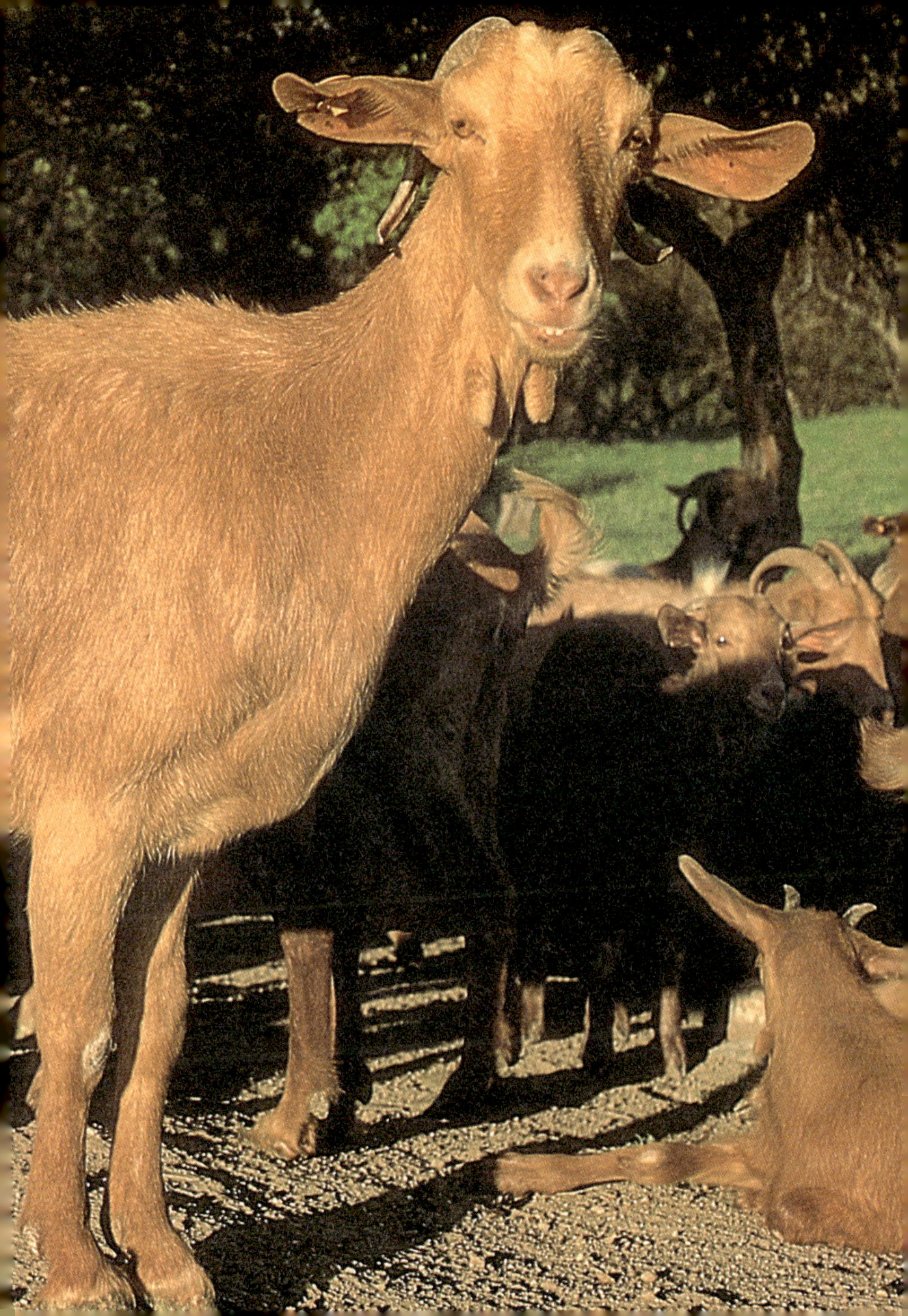

**ELEGANTE Y NOBLE
TROTO ALEGRE POR LOS CAMPOS
SI ME MONTA
UN BUEN JINETE.**

¿Quién soy?

PISTA 1
Me gusta la alfalfa.

PISTA 2
Me defiendo a coces.

PISTA 3
Soy el...

C__ B__ LL__

...el caballo

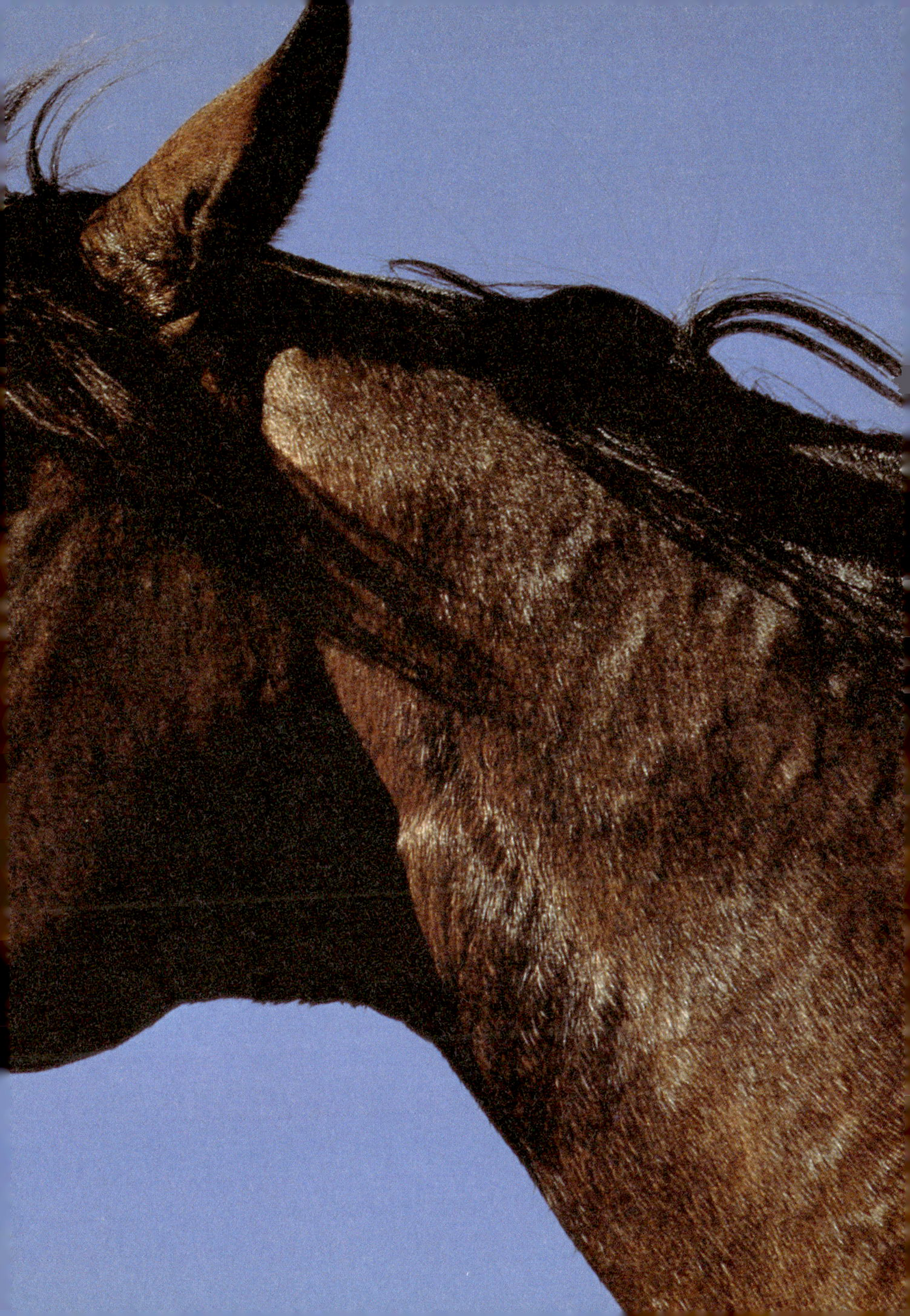

**SOY DÓCIL Y CONFIADA,
POR LAS CALLES ME PASEO
CON PORTE DE BUENA DAMA,
VUELO, CORRO Y ME RECREO.**

¿Quién soy?

PISTA 1
Tengo el cuerpo cubierto de plumas.

PISTA 2
Me gusta que me inviten a vezas.

PISTA 3
Soy la...

P

P__L__M__

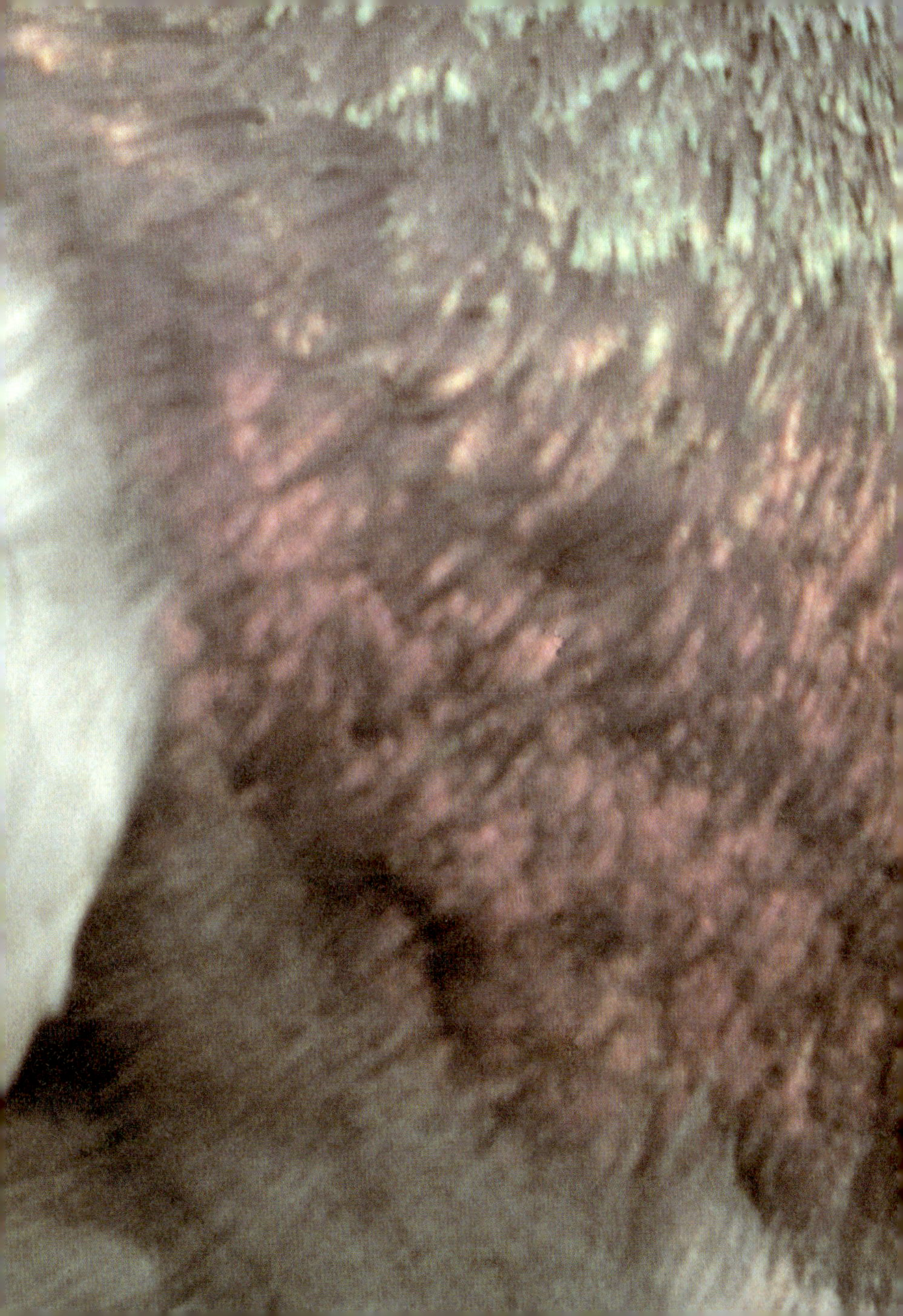

...la pal

oma

**PARIENTE DE LA RATA
Y TAMBIÉN DEL CANGURO,
MUEVO SIN PARAR LOS DIENTES
SIN QUE ME CAUSE UN APURO.**

¿Quién soy?

PISTA 1
Tengo las orejas largas.

PISTA 2
Me paso el día
roe que roerás.

PISTA 3
Soy el...

C

C _ N _ J _

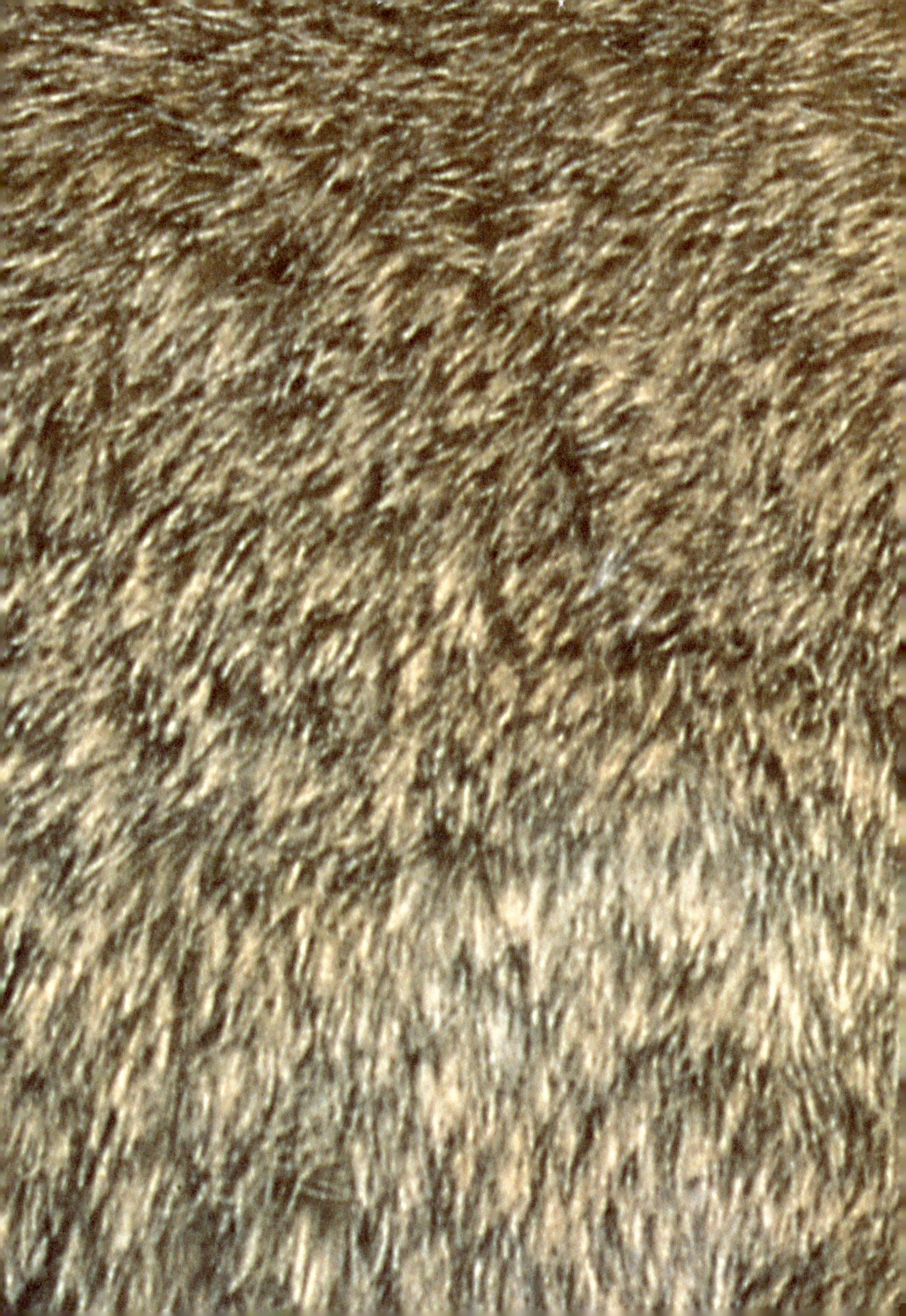

...el cone

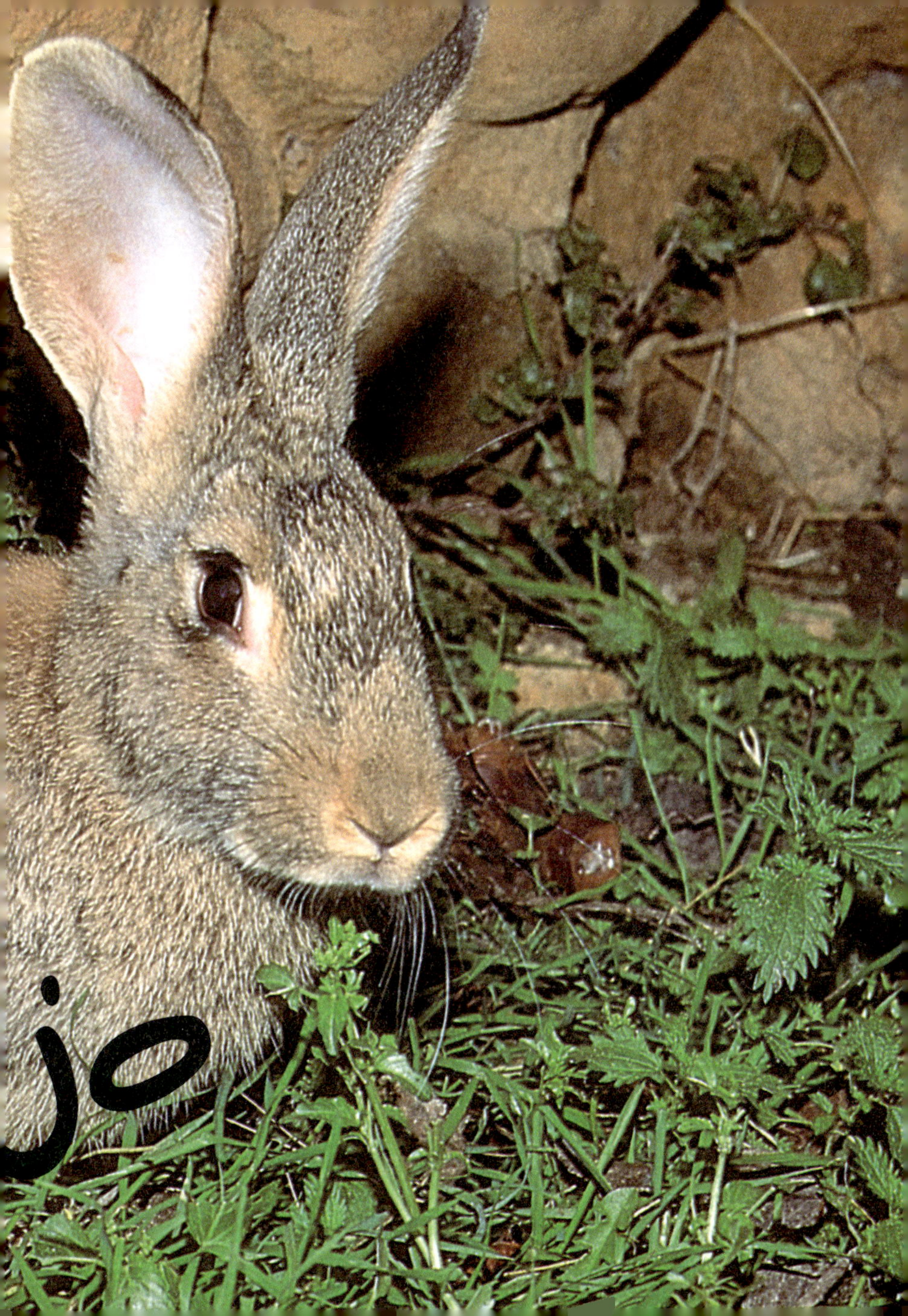
jo

SOY LA REINA DEL CORRAL,
MI CALDO ES DE GRAN SABOR
SI EL COCINERO ES FORMAL
Y ME TRATA CON AMOR.

¿Quién soy?

PISTA 1
Tengo el cuerpo cubierto de plumas.

PISTA 2
Gracias a mí hacéis buenas tortillas.

PISTA 3
Soy la... G

G__LL__N__

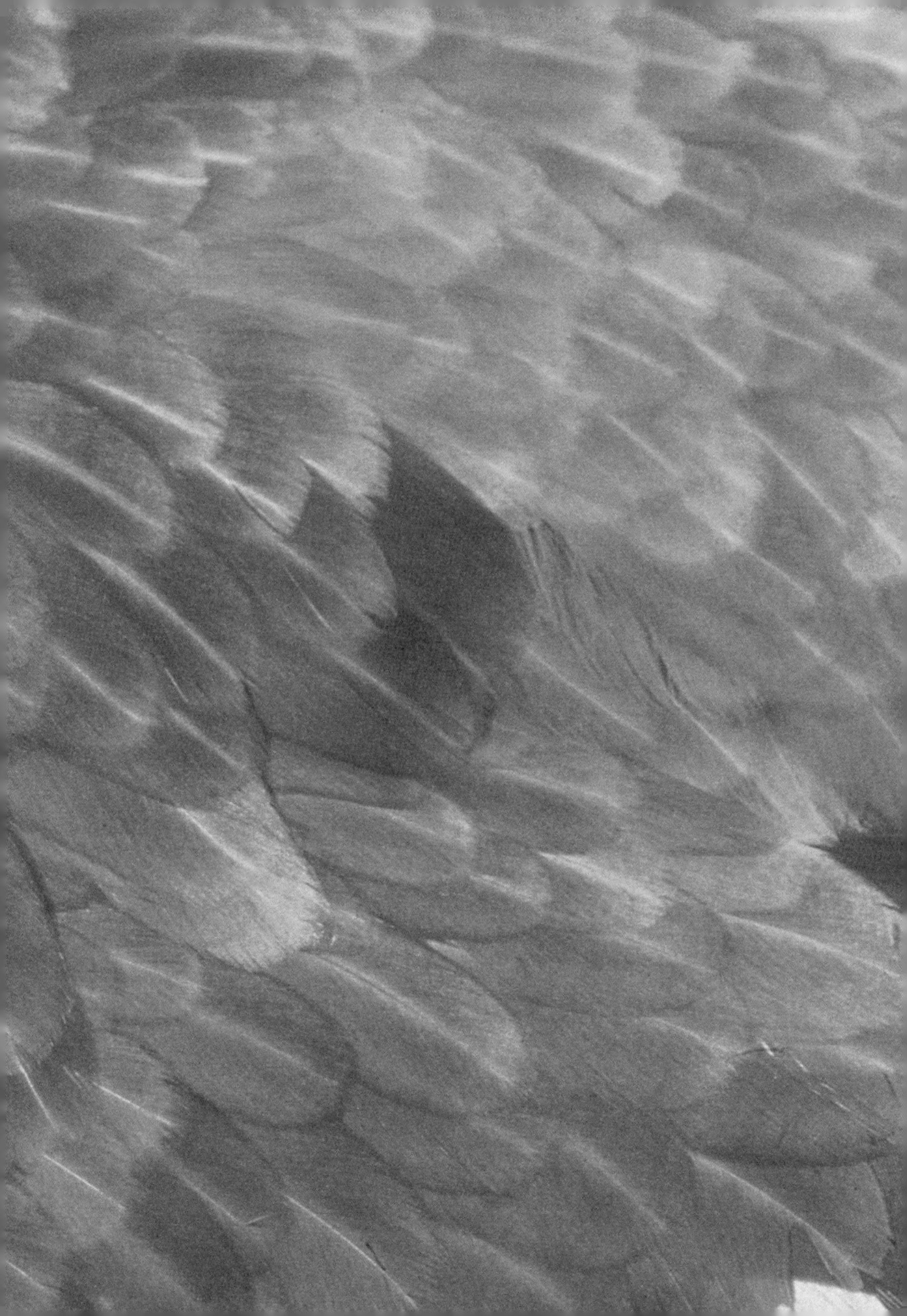

.... la gall

ina

**PRESUMIDO Y BIGOTUDO
TOMO EL SOL EN EL TEJADO,
CON AIRE MUY CONCIENZUDO
A CAZAR VOY PREPARADO.**

¿Quién soy?

PISTA 1
Tengo bigotes largos y finos.

PISTA 2
Soy limpio pero
poco amante del agua.

PISTA 3
Soy el...

G

G__ T__

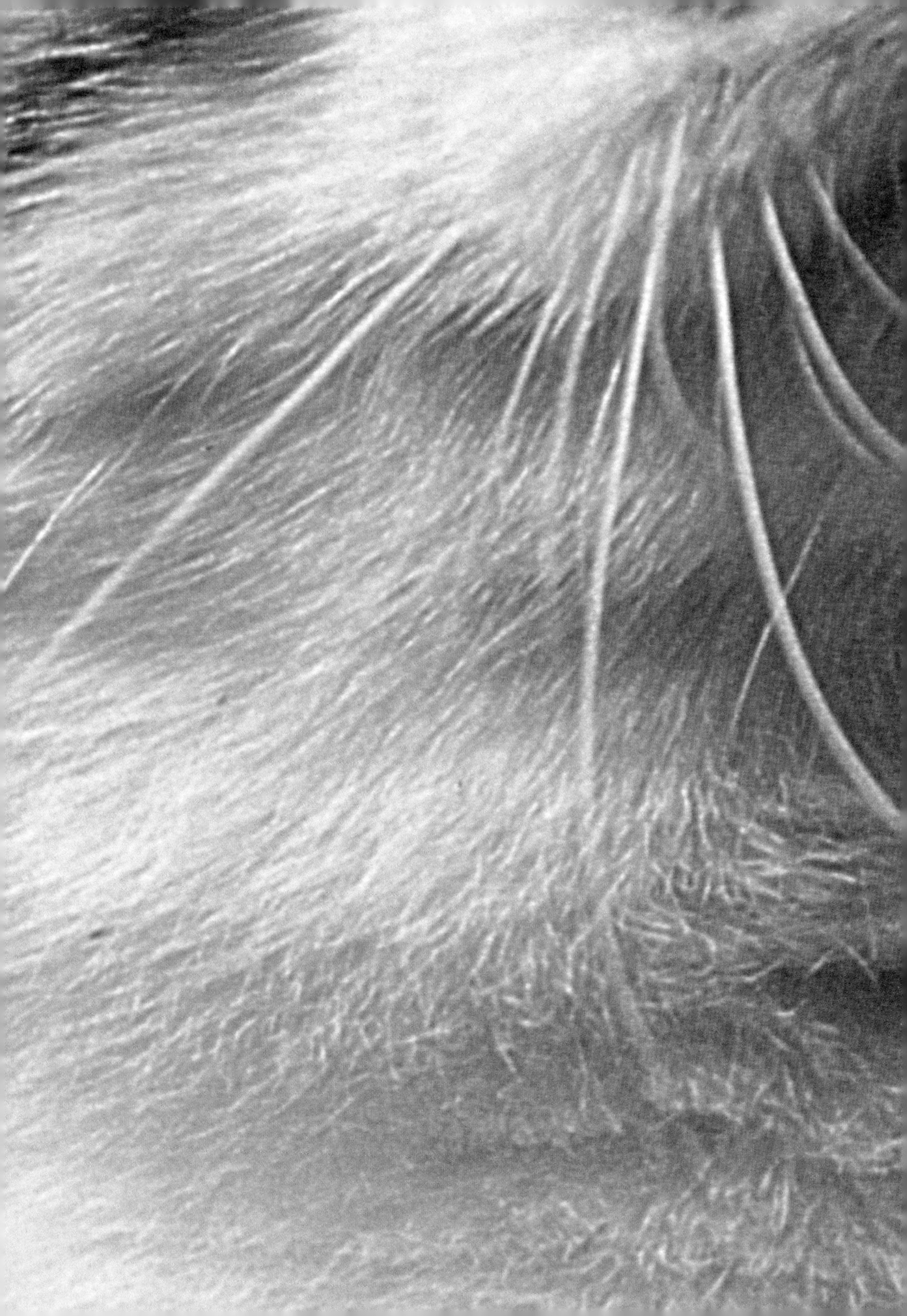

...el gato

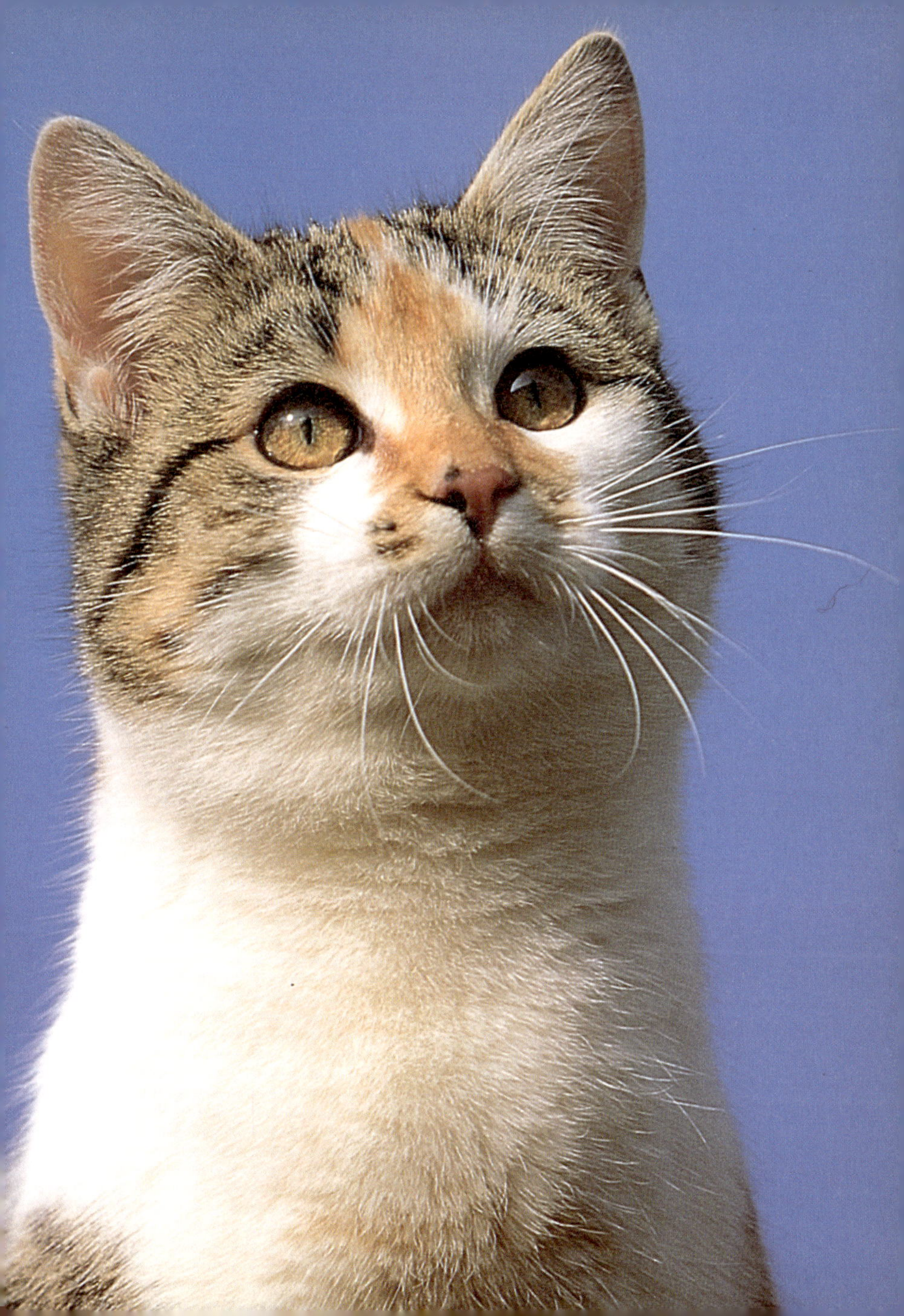

AMIGO DE LAS PERSONAS SOY,
CARIÑOSO Y MUY LEAL,
QUE ME SAQUEN DE PASEO
NO ME SIENTA NADA MAL.

¿Quién soy?

PISTA 1
Si me molestan enseño los dientes.

PISTA 2
Soy un buen guardián de casa.

PISTA 3
Soy el...
P

P__RR__

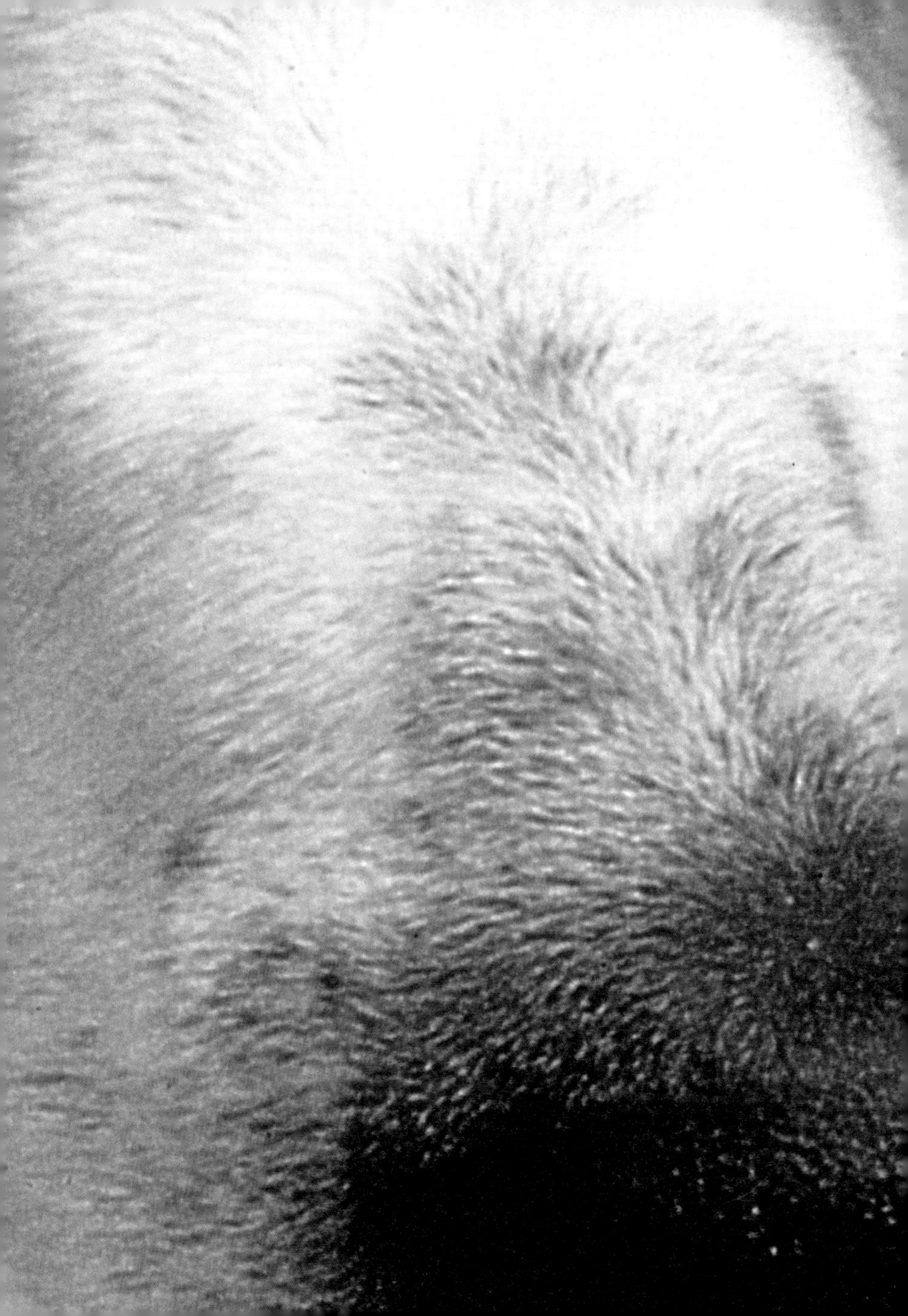

...el perro

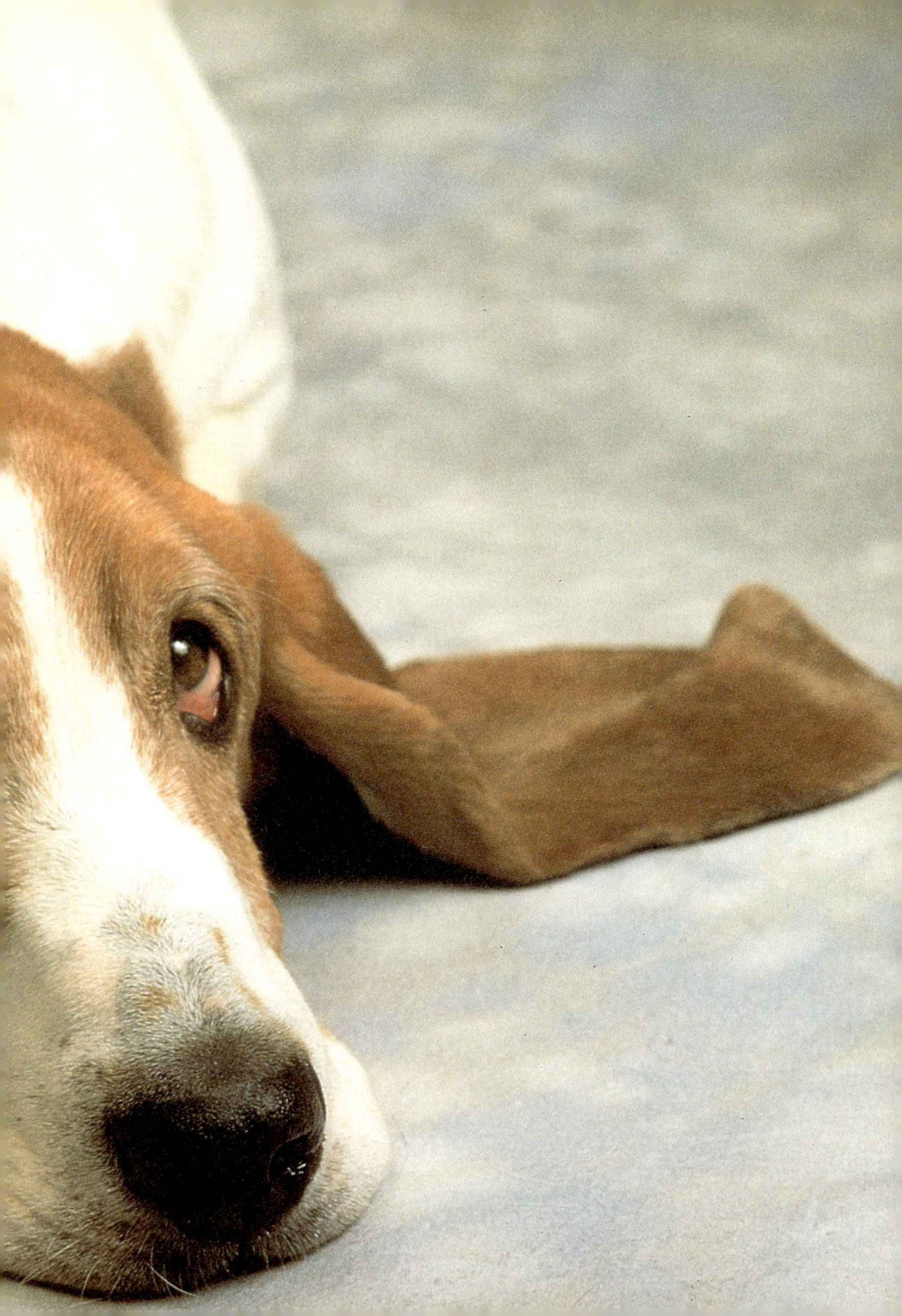

ATENTA AL GRITO DEL PASTOR
COMO LA HIERBA DEL PRADO
MIRANDO NO VENGA EL LOBO
A ESCONDERSE ENTRE EL REBAÑO.

¿Quién soy?

PISTA 1
Como y como mucha hierba.

PISTA 2
De mi sacáis buena lana.

PISTA 3
Soy la...

_ V _ J _

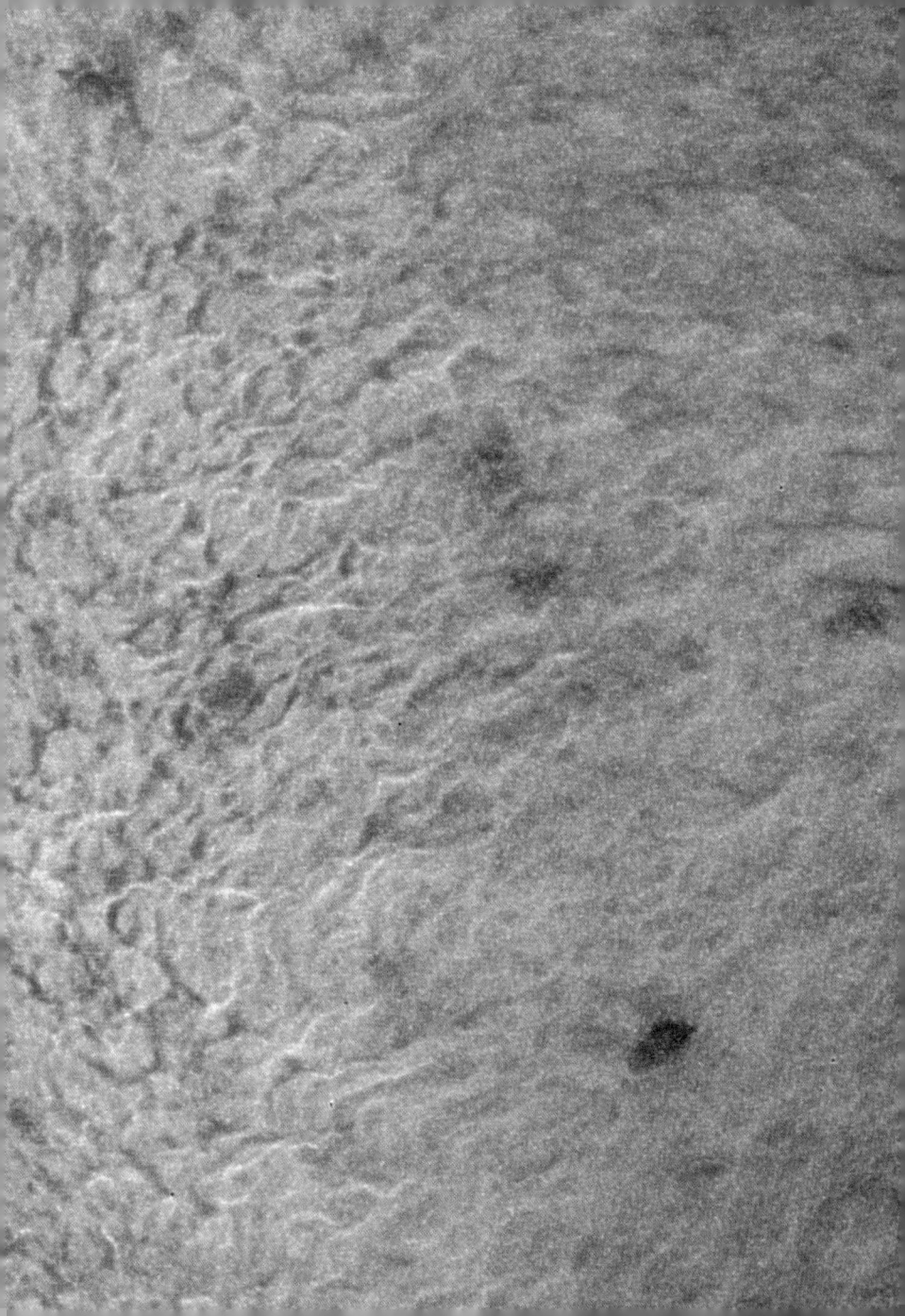

... la oveja

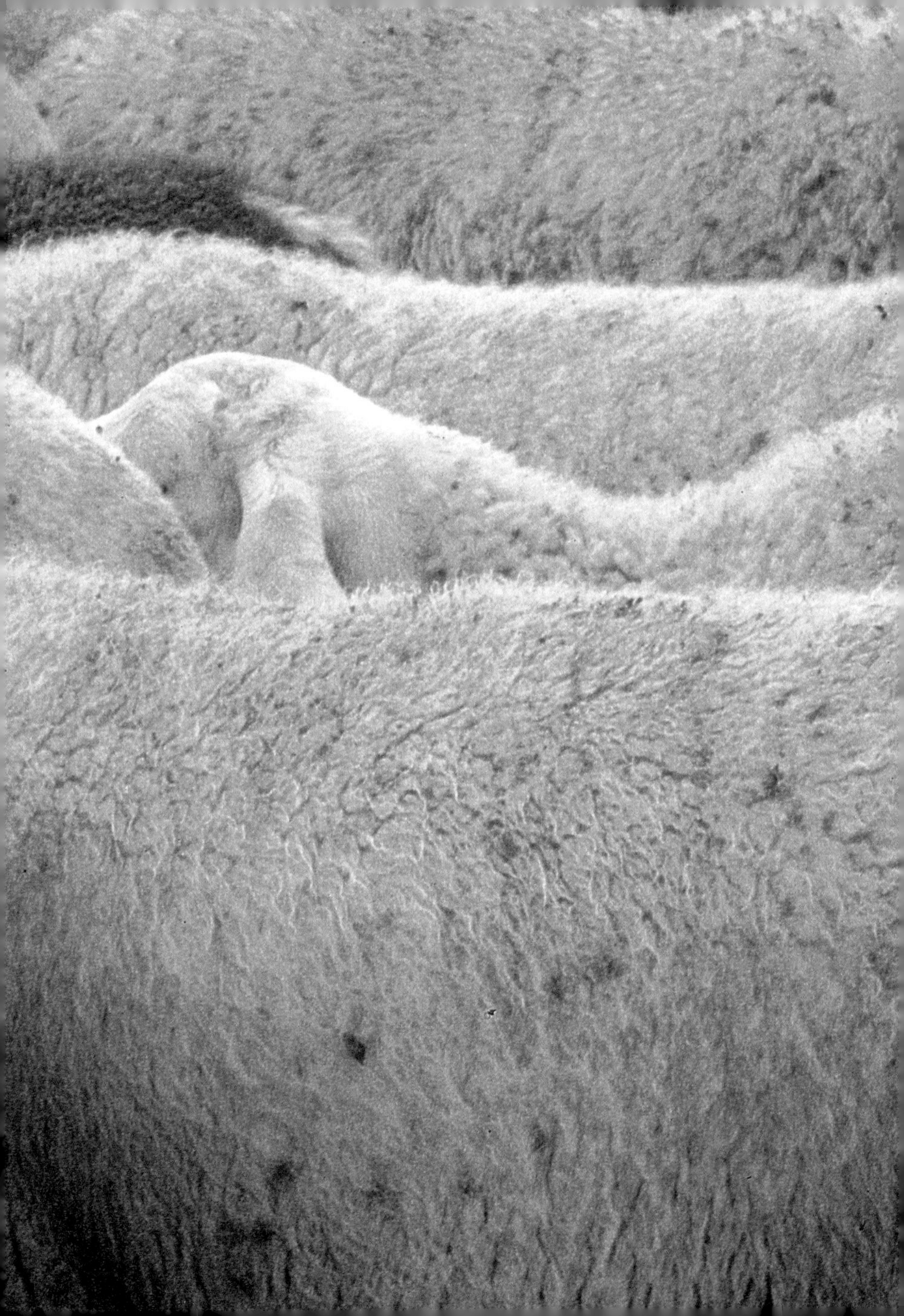

DE MIS GRANDES PIERNAS
SE HACEN BUENOS JAMONES
QUE ACOMPAÑADOS DE PAN
COMERÉIS COMO SEÑORES.

¿Quién soy?

PISTA 1
Tengo la cola corta y enrollada.

PISTA 2
Dan mi nombre a quién es sucio.

PISTA 3
Soy el...

C

C__RD__

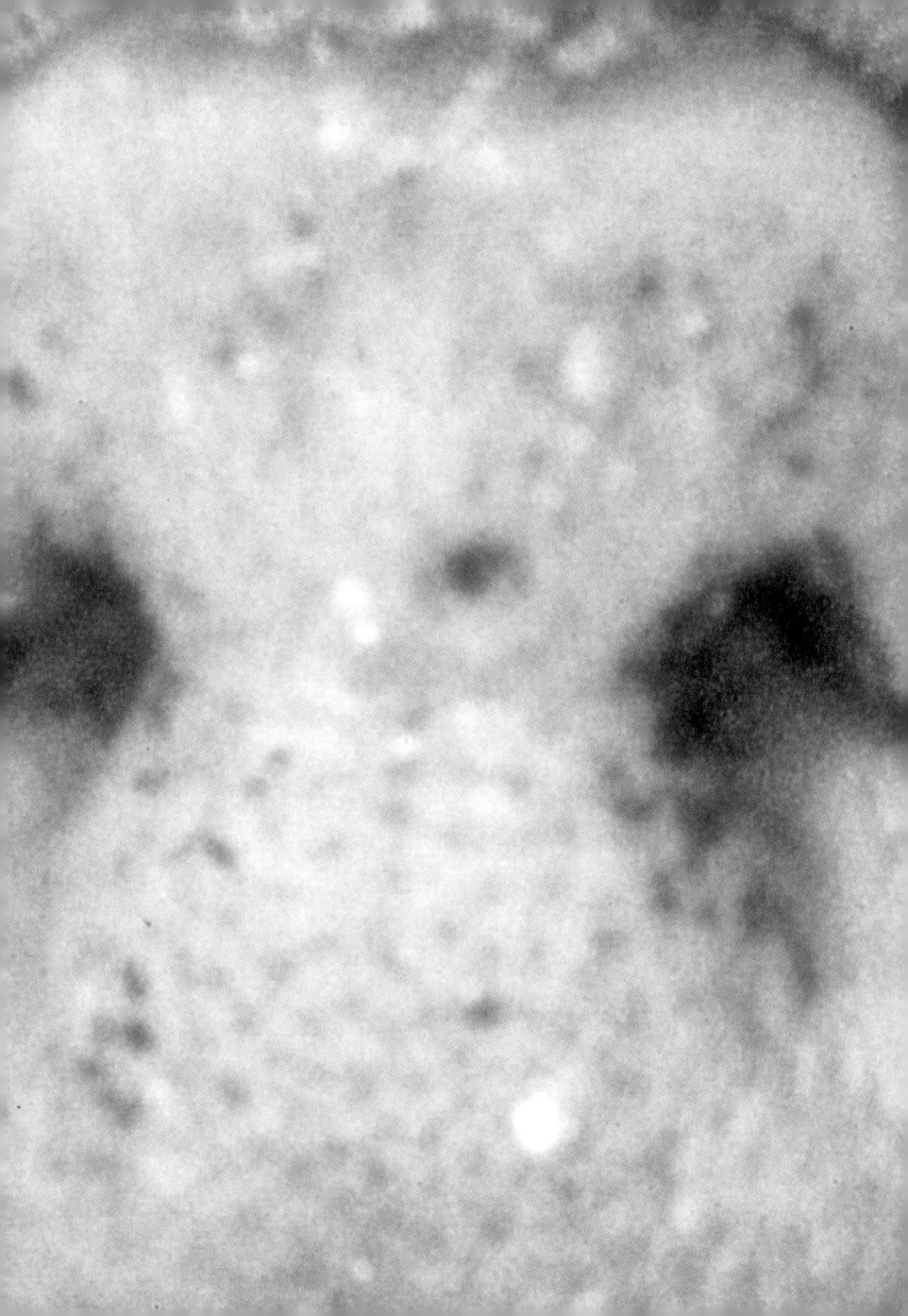

…el cerdo

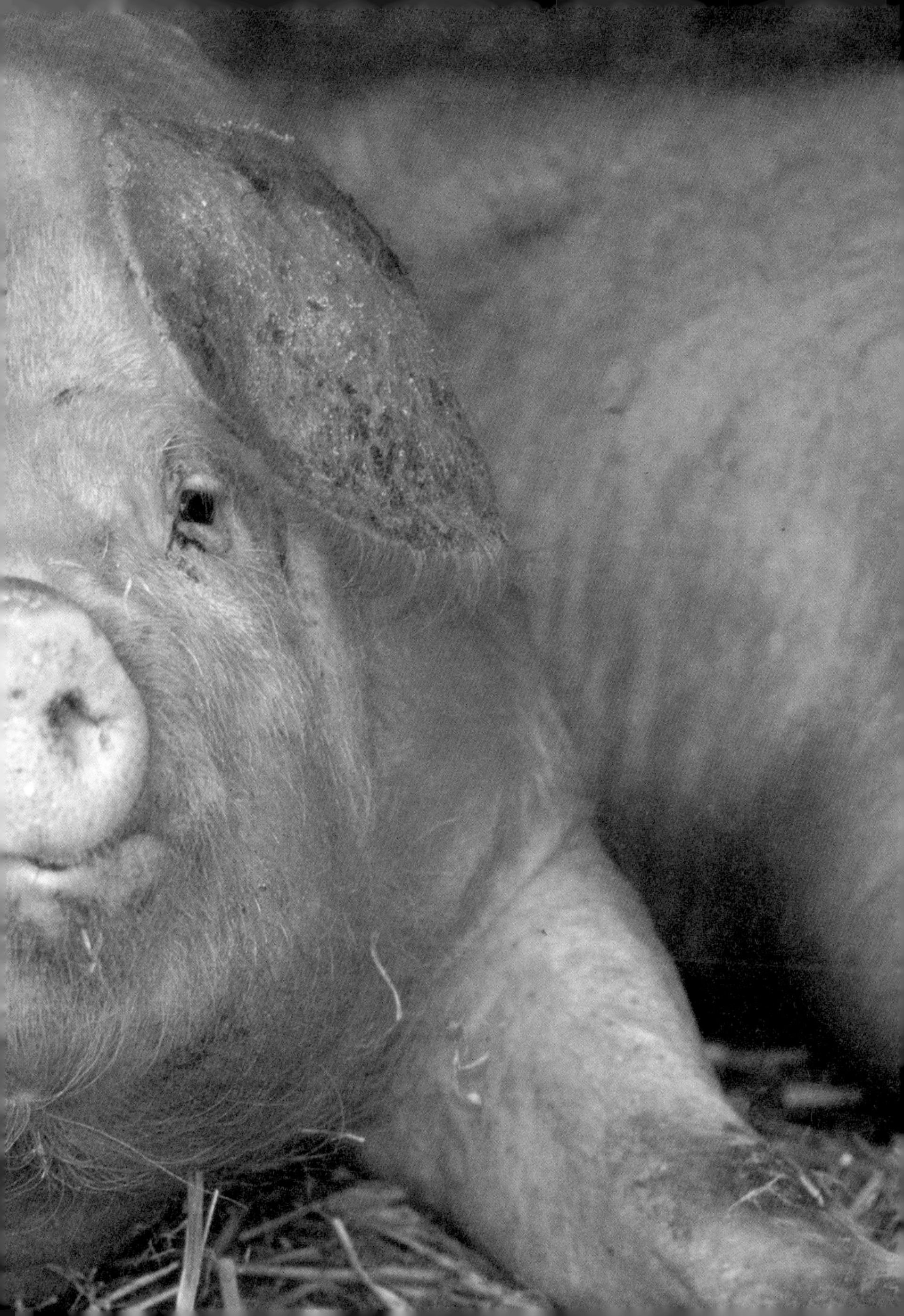

AUNQUE SOY MUY GRANDULLONA
NO ME DEBÉIS DE TEMER
PORQUE SOY BUENA PERSONA
Y OS DOY MUY BIEN DE COMER.

¿Quién soy?

PISTA 1
Con la cola asusto a las moscas.

PISTA 2
Me ordeñáis si queréis leche.

PISTA 3
Soy la...

V

V_ C_

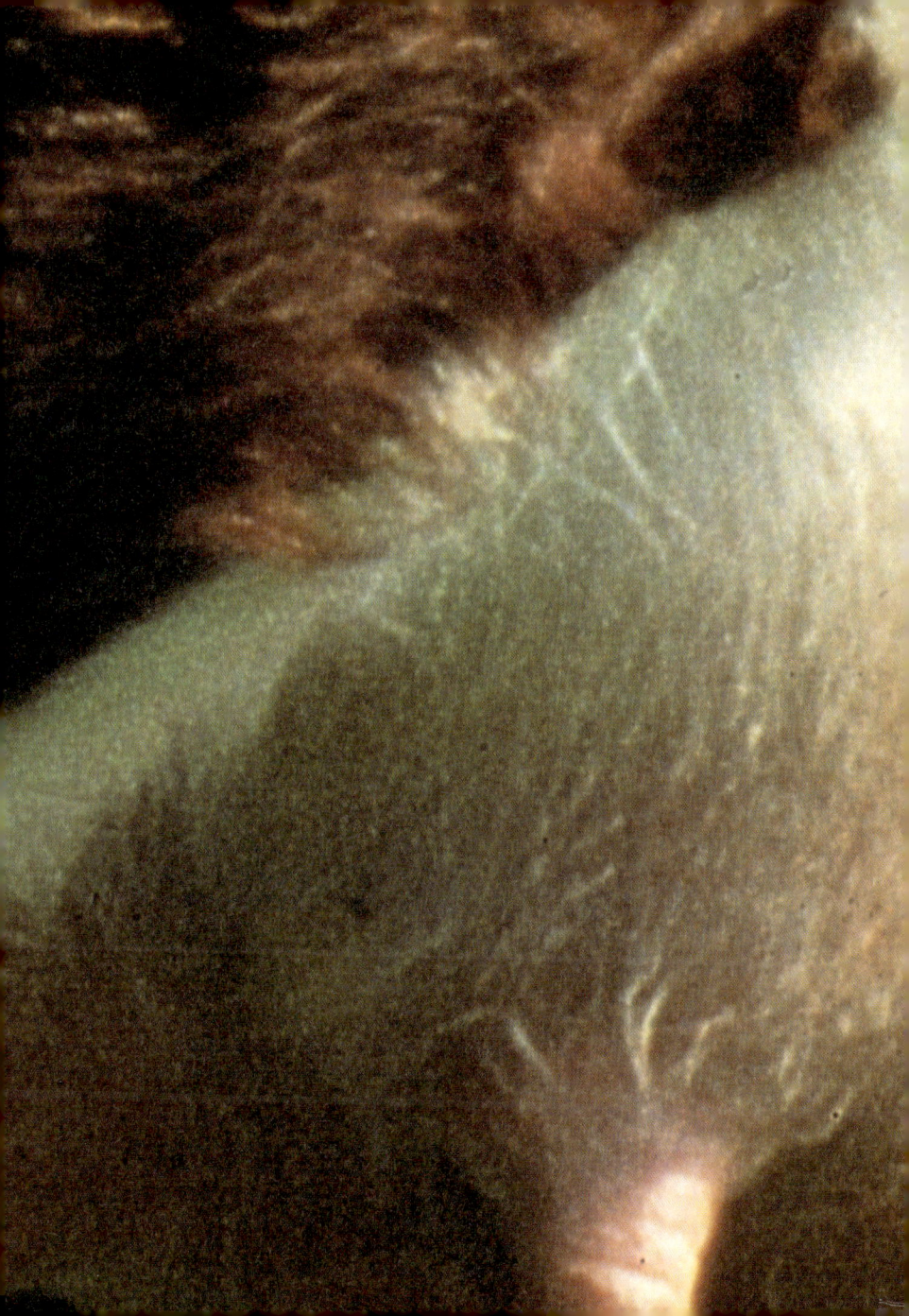

...la vaca